AF402355

Colonel THOMAS

LES ALLIANCES

FRANCE, RUSSIE, ESPAGNE, DANEMARK

« Un grand peuple pour étendre au loin ses relations doit se créer des alliances sincères. » (MAXIMES ET PENSÉES.)

PARIS

Henri CHARLES-LAVAUZELLE

Éditeur militaire

11, PLACE SAINT-ANDRÉ-DES-ARTS, 11

(Même maison à Limoges)

LES ALLIANCES

Lb57
11785

DROITS DE REPRODUCTION ET DE TRADUCTION RÉSERVÉS

Colonel THOMAS

LES ALLIANCES

FRANCE, RUSSIE, ESPAGNE, DANEMARK

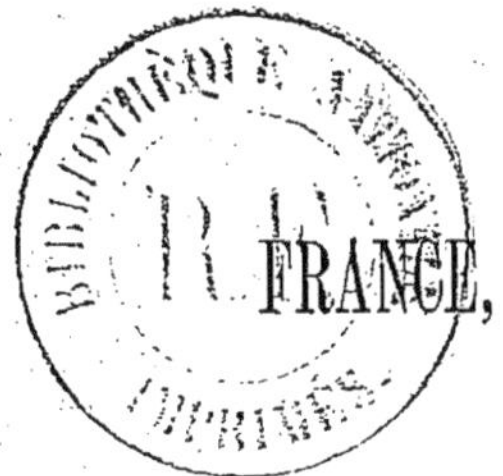

> « Un grand peuple pour étendre au loin
> ses relations doit se créer des alliances
> sincères. » (MAXIMES ET PENSÉES.)

PARIS

Henri CHARLES-LAVAUZELLE

Éditeur militaire

11, PLACE SAINT-ANDRÉ-DES-ARTS, 11

(Même maison à Limoges)

AVANT-PROPOS

La France, victorieuse ou vaincue, a toujours lutté constamment seule; vaillante, même dans la défaite, elle s'est relevée après d'incomparables désastres avec une étonnante vitalité.

Par sa sagesse et sa persévérance elle s'est alliée à un puissant empire; cette amitié réciproque devient un contrepoids à la triple alliance, et dans la situation actuelle de l'Europe divisée en deux grands camps, les alliances ont une importance capitale.

La Triplice peut se renforcer d'une quatrième puissance, l'Angleterre, qui attendra le moment favorable pour manifester ses préférences, mais la France et la Russie, avec leurs amis, lui opposeraient un appoint redoutable.

Et, m'appuyant sur des faits sans avoir la prétention de donner des conseils à notre diplomatie animée d'un si noble et ardent patriotisme, je traiterai cette question en soldat qui désire voir les meilleures chances du côté de son pays dans la prochaine lutte dont l'Europe semble devoir être menacée.

Colonel Thomas.

Rambouillet, décembre 1896.

LES ALLIANCES

I

Division de l'Europe.

Malgré les partisans de la paix universelle et les relations diplomatiques courtoises qui semblent exister entre les nations européennes, on est forcé de reconnaître qu'il règne partout une profonde inquiétude.

Toutes les nations sont aux aguets ; alliés ou adversaires se regardent avec défiance, sans oser compter sur l'avenir qui leur paraît gros d'événements.

Les engins de destruction que la science moderne accumule et perfectionne sans cesse, sont pour les états du monde civilisé une source de préoccupations qui occasionnent des frais toujours croissants, parce que le matériel de guerre d'aujourd'hui, ne répondant plus aux exigences du moment, sera peut-être réformé demain.

C'est une lutte constante entre tous les peuples pour rester à hauteur d'un progrès qui, ne connaissant pas de frein, veut marcher toujours en avant vers l'imprévu.

Partout les armées sont nombreuses et menaçantes ; les combattants s'observent, prêts à s'engager dans cette infernale chevauchée de la mort ou doivent périr les vaincus ; tandis que les vainqueurs, épuisés par leur victoire même, auront à peine la force d'en jouir.

Et si on écarte l'idée de guerre, on se demande avec stu-

peur comment des nations rivales, sans vouloir se faire
aucune concession, pourront maintenir indéfiniment cette
situation de paix armée, devenue pour chacune d'elle la
source de dépenses qui tendent chaque jour à s'accroître ?

***

Les grands états de l'Europe sont partagés, pour le
moment, en deux camps bien distincts : d'un côté, la triple
alliance à laquelle peut se joindre l'Angleterre; de l'autre,
la France et la Russie.

C'est donc, en mettant les choses au pis, quatre puissances contre deux.

Si on se laissait aller au découragement, la situation
paraîtrait bien compromise pour les deux nations isolées;
aussi est-il bon de disséquer cette triple alliance et de
rechercher l'importance de l'appoint que pourrait apporter la quatrième puissance, si elle avait intérêt à intervenir.

***

La triple alliance est composée de peuples ayant des
aspirations différentes, qui se sont unis contre la France
sans se rendre bien compte du rôle qu'il joueront dans ce
grand concert européen, pour lequel l'Italie et l'Autriche
ne seront que des comparses.

L'Angleterre sait mieux ce qu'elle veut; positive, cher-
chant toujours à étendre son domaine colonial, elle assis-
tera froidement dans son île aux premiers engagements;
puis, sans se compromettre, attendra les événements avant
d'agir et, le moment venu, se rattachera à celui qui pourra
servir ses intérêts.

Dans le camp opposé, la France et la Russie : toutes
deux, après avoir combattu souvent à armes courtoises,

sans pourparlers, sans préparatifs, sans diplomatie, se sont tendu réciproquement la main.

La France forte à l'ouest, la Russie imposante à l'est, inquiètent cette triple alliance et sont toutes deux une formidable menace qui contribue à maintenir la paix.

La partie, quoique paraissant inégale à première vue, peut donc s'équilibrer; il faut cependant compter avec ce mystérieux hasard qui se plaît souvent à déranger toutes les combinaisons, et chercher à profiter des bonnes chances qui pourraient surgir, sans se dissimuler les difficultés du moment, à l'intérieur comme à l'extérieur.

Chez tous les peuples, la question sociale a pris des proportions telles qu'elle préoccupe les esprits; partout les ambitieux s'en font un piédestal, sans y apporter une solution raisonnable.

Partout ce sont des promesses irréalisables, des engagements qu'on ne tient pas, des discussions oiseuses qui aigrissent, démoralisent ou poussent à la rébellion des hommes auxquels on a enlevé le goût du travail, et qu'on abandonne ensuite énervés, mal à l'aise, après les avoir leurrés ou rendus avides d'un bien-être qu'ils trouvent toujours insuffisant. Et partout les armées assistent de sang-froid à cette comédie humaine qui tend à tourner au drame.

II.

France et Espagne.

On juge mal, cependant, en mettant tout à fait les choses au pis; pour bien apprécier, il faut, en considérant exactement la situation, tenir compte des événements inattendus qui peuvent surgir pour ramener la confiance; c'est le cas qui se présente actuellement entre la France et l'Espagne.

Récemment, la frégate française l'*Iphygénie* a reçu, à Cadix, de la part de la marine, de l'armée et de la population espagnoles, un accueil tout spontané, qu'on a pu comparer aux manifestations inoubliables de Cronstadt et de Toulon.

Déjà, à Barcelone et à Madrid, le drapeau français avait été salué avec enthousiasme, mais, dans cette dernière occasion, l'Espagne a prouvé son attachement réel pour la France.

Et ces deux vaillantes nations qui élèvent si haut, avec une chevaleresque fierté, le sentiment de leur honneur national, sont bien faites pour s'entendre.

Certes, l'histoire présente de singuliers contrastes; nos alliés et nos amis d'aujourd'hui sont les deux peuples avec lesquels nous avons le plus intrépidement combattu. Ce sont ceux qui, après tant de victoires, causèrent nos plus terribles désastres et contribuèrent à diminuer le prestige de cette grande épopée impériale qui avait rempli le monde de ses hauts faits.

Ces deux peuples, par leur résistance opiniâtre, causèrent l'échec de notre prodigieuse fortune militaire en 1810 et 1812, tandis que maintenant la Russie, après avoir fêté la France avec effusion à Cronstadt, l'accueillait fraternellement à Moscou; l'Espagne la recevait cordialement au delà des Pyrénées.

***

La guerre n'engendre pas de haine entre les nations lorsqu'elle repose sur un duel loyal.

Les morts rapprochent plutôt qu'ils ne séparent quand ils tombent pour la liberté ou la grandeur de leur pays; quand après avoir été magnanimes, ils dorment côte à côte dans leurs tombeaux sous un linceul de gloire.

De part et d'autre dans ces luttes surhumaines, vainqueurs et vaincus se sont toujours tendu la main après la bataille, parce que tous ayant la conscience d'avoir fait dignement leur devoir, il semblait qu'ils ne se fussent combattus que pour mieux s'apprécier.

Mais quand la guerre se termine par des spoliations, quand elle détruit brutalement les nationalités, quand elle arrache injustement à leur patrie des hommes qui lui avaient tout sacrifié, la paix ne peut être sincère et devient un fléau qui demande encore du sang.

Entre la France, la Russie, l'Espagne, rien de tout cela.

La Russie n'a rien à nous réclamer, ses besoins sont liés aux nôtres, elle a avec nous des intérêts communs en extrême Orient; comme nous, elle redoute l'Angleterre et les envahissements de l'Allemagne.

C'est donc une alliance sincère cimentée par des peuples de mœurs et d'origine différentes, mais qui ont des sympathies réciproques basées sur la courtoisie, la loyauté et la bravoure.

Quant à l'Espagne, aucun danger ne la menace du côté des Pyrénées, son caractère ardent s'accommode très bien du nôtre; mais elle a au pied le boulet de Gibraltar que l'Angleterre lui a rivé; et cette vaillante nation, si jalouse de son indépendance, ressent vivement une humiliation qui la froisse dans son amour-propre national.

Mais l'Angleterre lui prépare encore d'autres douleurs. Dans son rêve de conquérir toute l'Afrique et de dominer dans la Méditerranée, elle dirige ses vues vers le Maroc, avec la froideur et la méthode qu'elle met dans toutes ses entreprises.

Tenace et persévérante, elle ne reculera devant aucun obstacle, attendra l'occasion, au besoin la fera naître et s'installera à Tanger pour ne plus en sortir, afin d'assurer sa puissance maritime en Afrique, en occupant les points importants de ce vaste territoire dont elle convoite la possession absolue.

Au Maroc, en Egypte, au Cap, elle tiendra tous les passages, tandis qu'à l'intérieur elle cherchera à s'étendre en dissimulant ses vues ambitieuses sous des apparences pacifiques.

****

La France, la Russie, l'Espagne réunies entraveraient considérablement des projets aussi inquiétants. Et ne serait-ce pas aussi l'occasion de témoigner nos sympathies à l'Espagne pour cette guerre si pénible qui la désole, et à propos de laquelle l'amicale intervention de la France et de la Russie amènerait peut-être la conciliation?

Une Espagne forte est nécessaire à l'équilibre européen; nous formerions ainsi une triple alliance homogène qui pourrait lutter avec avantage contre la quadruple alliance dont l'Europe est menacée, en la forçant presque de se dissoudre au premier coup de canon, parce qu'elle reconnaîtrait qu'il faut sérieusement compter avec des nations qui n'ont pas un désir effréné de conquêtes, mais seulement la patriotique ambition de sauvegarder leur indépendance.

III

Russes et Anglais.

En raison des cordiales sympathies qui rapprochent la France et la Russie, il est intéressant d'examiner la situation de la Russie vis-à-vis de l'Angleterre qui, sur tous les points du globe où nous avons avec elle des intérêts communs, est aussi systématiquement notre adversaire.

L'Angleterre a la fièvre des conquêtes coloniales; mais, avec une étonnante perspicacité, elle s'efforce d'accaparer sans bruit, en laissant toute la responsabilité, quand elle échoue, à des agents qu'elle désavoue.

Ses convoitises sont maintenant surtout dirigées vers l'Afrique, parce que, prévoyante et habile, elle ne se dissimule pas les dangers qu'elle court en Asie avec la Russie dont la puissance croissante l'inquiète ; aussi pousse-t-elle en avant vers le Venezuela, le Transwaal et le Soudan, afin de retrouver une compensation si son empire des Indes venait à lui échapper.

Pour elle l'Afrique serait l'avenir.

*_**

Les Indes, gouvernées si habilement, lui donnent une très importante puissance coloniale, mais renferment cependant un point noir.

La Russie se rapproche et l'apparition d'une nation rivale sur les frontières de ses possessions, peut causer aux hommes d'état anglais de sérieuses préoccupations au sujet de ce vaste empire, le plus beau joyau de la couronne d'Angleterre.

Il semble que l'Indoustan soit prédestiné aux invasions; il a été de tout temps convoité par les conquérants : vingt siècles avant Jésus-Christ, Sémiramis pensait déjà à sa conquête, puis Alexandre, Cyrus, les Mongols et enfin l'Angleterre.

L'invasion anglaise sera-t-elle la dernière? La Russie, elle aussi, ne cherchera-t-elle pas à s'introduire dans ce riche pays par ses routes du nord-ouest, si favorables à une armée envahissante pour pénétrer dans le Turkestan ou l'Afghanistan? Si on remonte aux époques antérieures, on s'aperçoit que depuis longtemps les Russes ont des vues sur l'Inde : Pierre le Grand l'indiquait déjà comme objectif dans son testament et, dès 1747, le prince Icherkonki avait été chargé par le tsar de chercher une route qui y conduisît.

Après la guerre de Crimée, l'émir de Boukara ayant favorisé une sédition du Khokand, la Russie battit complètement les Boukariens ; Samarkand fut occupée en 1868, et le tsar fit de l'émir de Boukara son vassal.

Le kan de Kiva fit sa soumission en 1873 et après la mémorable campagne de Skobelef en 1875, le Kanat de Khokand fut annexé entièrement. Le Turkestan russe définitivement constitué, amena, en 1884, presque sans combat, l'occupation de Merw. La Russie et l'Angleterre n'étaient plus séparées dans l'Asie centrale que par l'Afghanistan.

Ces différents événements préoccupèrent sérieusement les vice-rois des Indes qui firent, dès le début, de grands efforts pour se concilier les bonnes grâces de l'émir de Kaboul ; et l'Angleterre croyait avoir exercé son protectorat sur l'Afghanistan, lorsqu'en 1877 le bruit de l'arrivée d'une mission russe à Kaboul, décida le vice-roi à envoyer un délégué auprès de l'émir ; mais il fut si mal accueilli qu'il ne put même pas arriver à Kaboul.

Cet incident donna lieu à la guerre anglo-afghane de 1878.

Les Afghans se rendent parfaitement compte de la différence numérique considérable qui existe entre les forces des Russes et celles des Anglais ; ils comparent la timidité anglaise dans leurs expéditions aux audacieuses et rapides opérations des Russes, et se sentent attirés vers ces derniers par une similitude de race.

Déjà, dans maintes occasions, les peuples de l'Asie centrale ont accepté volontiers la suprématie de la Russie qui sait en tirer parti; leurs souverains, quoique se jalousant les uns les autres, sont d'accord sur ce point.

Telle est la situation qui existe en Orient entre la Russie et l'Angleterre : la vraie question d'Orient n'est pas à Constantinople, mais dans l'Inde; c'est là, probablement, qu'elle se dénouera, car la Russie, qui a déjà de l'avance sur l'Angleterre, peut triompher dans la lutte dont dépendra l'avenir de ces deux grands peuples.

L'Angleterre, sachant ce que valent les Russes, peut craindre que leur fougue ait raison du flegme britannique; aussi songe-t-elle sérieusement à créer un empire africain pour remplacer l'empire des Indes, s'il venait à lui échapper.

Les Anglais se sont emparés par surprise du canal de Suez; nous devons sans merci leur disputer la Méditerranée, en nous établissant solidement à Bizerte, pour barrer le passage du canal de Sicile qui donne accès dans ce large bassin, théâtre des grandes luttes maritimes de l'avenir, et dans lequel, pour combattre avantageusement, Alger et la Corse sont si utiles.

Cette dernière surtout, doit être mise à l'abri d'un coup d'audace de l'Angleterre et de l'Italie.

* * *

Les Anglais, par tous les moyens, cherchent à se rendre maîtres de l'Afrique : invasion clandestine par le nord, influence sur les tribus du sud par des promesses, au besoin par la pression.

Ils profiteront de toutes les occasions et arriveront à leurs fins.

L'Angleterre, dans un moment critique, peut devenir notre adversaire le plus redoutable, si nous ne sommes pas sur nos gardes pour tirer parti avec avantage de nos ressources du Congo, du Sénégal, de l'Algérie et de la Tunisie.

IV

La Corse.

Quand la flotte française entra à Bizerte, les Italiens voyant avec dépit notre occupation en Tunisie, s'inquiétèrent, parce qu'ils savaient que ce port, point d'appui important sur les côtes d'Afrique, nous permettrait de lutter dans la Méditerranée contre l'influence anglaise et italienne. Et pour redonner confiance à la triple alliance, qui pouvait être compromise par leur échec en Abyssinie, ils crurent nécessaire de prendre vis-à-vis de nous une attitude agressive.

« La France, dirent-ils, s'est installée à Bizerte en bravant l'Italie, et ce nouveau Gibraltar menace de l'enserrer dans un cercle de fer. »

L'Italie a oublié depuis longtemps qu'elle devait son indépendance à la France, et après l'avoir abandonnée aux premiers revers, quand elle lui avait promis son concours, elle ne la considère plus que comme une ennemie, afin de donner des gages à la triple alliance qui la traîne à sa remorque.

Les Italiens, voyant nos frontières bien gardées, savent qu'il ne serait pas facile de descendre vers la vallée du Rhône; cependant un point faible dans la Méditerranée peut attirer toutes leurs convoitises.

Ils pensent que la Corse serait très utile à occuper et y songent, de concert avec l'Angleterre, préparant ainsi le coup de main qui, pour la grande lutte, leur donnerait un si gros appoint.

La France doit occuper Bizerte, s'y maintenir, s'y fortifier, afin d'en faire pour elle un autre Gibraltar; mais cette occupation serait incomplète si la Corse n'était pas en état de se défendre.

* * *

Les Corses ont combattu avec la France depuis plus d'un siècle sur tous les champs de bataille, ils sauront toujours se sacrifier pour elle. Cependant, il y aurait imprévoyance à ne pas s'inquiéter de les protéger contre l'invasion étrangère.

Les partisans de la paix universelle, dans leurs douces illusions rêvant la fraternité des peuples, ne verront dans ces précautions qu'un chauvinisme étroit, mais ceux qui se rappellent pour ne jamais oublier, savent combien nous avons payé cher notre trop grande confiance, en 1870.

La France a repris parmi les nations la place qu'elle occupait avant ses désastres ; cependant, il faut aussi reconnaître qu'elle n'a pour le moment qu'un allié véritable, et cette double alliance peut avoir un jour à lutter contre une quadruple alliance, peu homogène il est vrai, mais prenant de la consistance quand il s'agira de cette grande mêlée qui décidera du sort des nations.

* * *

Sur les côtes de la Corse, on ne trouve pas de points suffisamment défendus et solidement fortifiés pour la mettre à l'abri d'un coup d'audace.

La France est à Bizerte comme l'Angleterre est à Malte, mais si la Corse lui échappait, elle pourrait perdre son influence dans la Méditerranée.

Les Corses se défendraient héroïquement dans leurs maquis, tandis que la côte serait occupée presque sans combat, et ces positions importantes tomberaient tout de suite entre les mains des envahisseurs.

La Corse, ainsi que l'Algérie, sont terres françaises ; nous

avons l'obligation de protéger leurs vaillantes populations comme nos nationaux établis en Afrique.

La Méditerranée doit être neutre, afin de pouvoir y circuler librement et toute l'Europe y est intéressée.

V

L'Angleterre et l'Europe.

Les fêtes mémorables offertes cet été, en Hongrie, à l'occasion de son millième anniversaire, ont permis de recueillir des appréciations très intéressantes sur les sentiments de toutes les nations européennes qui y étaient représentées.

L'opinion générale, favorable à la France, était unanime à reconnaître que l'Angleterre compromettait la paix du monde par ses accaparements.

On lui reprochait d'avoir soulevé, il y a six mois, l'Arménie ; on la rendait responsable de l'insurrection de la Crète ; on prétendait qu'elle entretenait la haine de l'Italie contre la France, excitait les Hongrois contre les Russes, les Roumains contre les Hongrois ; qu'en Afrique, en Océanie, en Asie, elle engageait au pillage et à l'assassinat, qu'enfin partout, elle soulevait des complications pour avoir occasion d'intervenir ; on l'accusait de vouloir mettre la France aux prises avec l'Allemagne, sachant que la guerre affaiblirait deux grands peuples, ses rivaux, qu'elle rencontre partout sur son chemin et qui la gênent dans ses conquêtes.

L'Angleterre veut la guerre parce qu'elle n'a rien à y perdre et saura toujours y gagner, en profitant du trouble des nations belligérantes pour épuiser ou anéantir leur prospérité commerciale.

⁂

Les Hongrois aiment la France, craignent la Russie et détestent l'Angleterre.

Ils prétendent que c'est l'Angleterre qui empêche la pacification dans les Balkans, s'oppose, sur les rives du Danube, aux idées de conciliation et de justice, et propage le désordre en soulevant des rivalités de race ou de religion.

L'Angleterre, disent-ils, ne s'arrêtera jamais; partout, tant qu'elle pourra agir, ce sera la veillée des armes, et leur beau Danube, dont ils sont si fiers, sur les bords uqudel se sont livrés tant de terribles combats, deviendra encore un fleuve de sang, parce que, grâce à elle, il traversera des pays ennemis et demeurera une barrière à tous les affranchissements, au lieu de relier amicalement toutes les nations.

A Budapest, les agents anglais s'efforcent d'opposer les Hongrois à la Russie; ils n'ont pas encore diminué les sympathies pour la France, mais ils entretiennent la haine des Russes, en leur laissant entrevoir une bonne part dans le morcellement de la Turquie.

L'Angleterre, en convoitant tous les monopoles, indispose contre elle toutes les nations du globe qui s'uniront peut-être un jour avec ensemble pour s'opposer à ses prétentions, car il n'en existera pas une dans le monde entier qui n'aura été victime de son insatiable ambition.

Tôt ou tard, les haines amoncelées peuvent se réveiller; n'attendons pas le signal d'alarme pour nous mettre en garde.

Si l'Angleterre transformait la Méditerranée en un lac anglais, nos possessions d'Afrique seraient à jamais compromises et toutes nos colonies menacées.

Le danger pour nous n'est pas seulement sur la frontière de l'Est; avec l'Angleterre, il est partout.

VI

France, Russie, Espagne.

France, Russie, Espagne! Ces trois vaillantes nations semblent faites pour s'entendre.

Animées des mêmes sentiments patriotiques, possédant toutes trois l'âme fière et indépendante des peuples que l'infortune grandit, que n'abattent jamais les revers, elles sympathisent par une haute estime réciproque, base des alliances durables.

Sur tous les points du globe, chaque peuple s'inquiète, se préoccupe de l'avenir, cherche à prévoir le lendemain, pour se préserver des funestes éventualités que l'au delà lui réserve.

En Occident, ce sont toutes les nations européennes qui se donnent rendez-vous sur le continent noir; en Orient, c'est l'influence considérable du Japon, la Chine qui se réveille; et, partout, l'Angleterre entreprenante, mais prudente, demeure à l'affût.

Guettant les événements qui peuvent surgir, se sentant trop à l'étroit dans son île, elle ne pense qu'à s'étendre au dehors sans s'inquiéter du droit des nations civilisées ou des peuples barbares dont elle convoite les richesses.

****

Au milieu de ces peuples voulant tous conserver leur nationalité, prétendant, pour la plupart, apporter avec eux le progrès ou la civilisation, il existe ces deux grands camps dans lesquels tous les combattants, préparés à une lutte à outrance, animés de part et d'autre de haine ou de vengeance, armés merveilleusement, ayant épuisé tous les moyens de destruction les plus meurtriers, attendent comme des fauves le moment de se ruer l'un sur l'autre.

Et il faut le reconnaître; d'un côté, la triple alliance, de l'autre, la France et la Russie, ne veulent rien céder de leurs prétentions, des droits qu'elles ont ou croient avoir acquis, des conquêtes qu'elles revendiquent.

La paix !... La paix est-elle possible dans un tel état des esprits ?

N'y aurait-il pas folie ou imprévoyance coupable à ne pas reconnaître que la guerre est dans l'air, qu'elle éclatera au premier refrain belliqueux de la trompette d'alarme ?

N'est-ce pas celui qui se sera endormi dans une nonchalante quiétude, au milieu des délices du luxe et du bien-être; n'est-ce pas celui-là qui sera le vaincu de demain et succombera misérablement battu et humilié ?

Dans sa défaite irrémédiable il n'aura pas un ami pour lui tendre la main; les nations sont comme les hommes : la fortune sourit aux audacieux et leur donne le bon droit, tandis qu'elle renie avec mépris les faibles ou les timides.

*_**

La France a dans son histoire contemporaine deux grandes dates mémorables : Cronstadt et Toulon; ces deux dates marquent pour elle la consécration de son relèvement.

Jusque là elle avait courageusement lutté, sans appui; considérant froidement l'avenir, elle était prête à tous les sacrifices plutôt que de commettre des bassesses.

Après ce rapprochement considérable, confirmé tout récemment par la visite du tsar à Paris, ces deux peuples, qui s'étaient combattus dans des luttes grandioses, mais chez lesquels il n'était resté ni haine, ni ressentiment, eurent l'un pour l'autre une estime et une admiration réciproques.

Toutes les nations, étonnées, pensèrent que cet enthousiasme du moment ne pouvait être réel de la part d'un empereur autocrate et d'un gouvernement libéral.

Toutes crurent que dans de telles conditions, une alliance durable deviendrait impossible.

Les événements prouvèrent le contraire et elles virent avec une surprise mêlée de crainte, ces deux grandes puissances se tendre cordialement la main par dessus la triple alliance qui, pour les timides, semblait un gage de paix, en empêchant la France de revendiquer ses droits.

Un pareil étonnement s'est produit en voyant les ovations des Espagnols pour nos marins et l'on s'aperçut que les mêmes symptômes se renouvelant comme à Cronstadt, comme à Toulon, c'étaient encore les deux peuples qui faisaient l'alliance.

**

Après un échange de sentiments exprimés aussi nettement par la France et par l'Espagne, les vœux populaires, les vivats enthousiastes provenant du cœur de la nation, sont une indication éclatante pour engager à confirmer une alliance que désirent aussi ces deux vaillants pays.

La Méditerranée serait libre si les pavillons russes, français et espagnols y flottaient ensemble et l'Europe ne redouterait plus les intrigues anglaises.

Tandis que si l'Angleterre, orgueilleuse et tenace, s'implantait au Maroc comme en Egypte, elle pourrait anéantir l'influence des nations qui lui contestent la suprématie en Afrique ou en Asie; puis, les enfermant dans un cercle infernal, elle en ferait ses vassales après avoir ruiné leurs colonies.

Et ce rêve de domination universelle de la part de la Grande-Bretagne ne peut pas être contesté, car il est évident que c'est vers ce but obstiné qu'elle tend sans scrupule.

Pour elle, rien n'est irréalisable; persévérante et organisatrice, cette proie colossale ne l'embarrassera pas; elle suit le chemin qu'elle a fait depuis plus de vingt-cinq ans et n'en est encore qu'à sa première étape.

Le Niger, l'Indus, l'Euphrate sont déjà ses tributaires; le Nil, dans tout son parcours, lui sera soumis; à Kartoum, des soldats anglais tiendront garnison.

L'indépendance des Boers sera comprimée entre le Soudan et le Cap.

L'Algérie, la Tunisie, sourdement préparées par les intrigues clandestines de ses missionnaires ou de ses agents, tomberont à sa merci et elle aura action sur toute l'Afrique enchaînée et soumise à sa destinée.

Si l'Europe ne s'y oppose pas, un jour viendra où le continent noir, intimidé, sera peut-être forcé de lui verser tous ses produits.

*

La Méditerranée restera la grande route civilisatrice entre l'Orient et l'Occident, ou deviendra un lac anglais.

L'occasion est belle encore aujourd'hui de grouper toutes les fiertés, toutes les nobles résistances, toutes les loyales sympathies contre cet adversaire implacable.

L'Angleterre accumulera toutes les ruses pour exercer sa pression sur le commerce de l'univers et ce peuple insatiable peut causer de formidables embarras.

C'est pourquoi nous ne devons pas hésiter à renforcer encore l'alliance-russe par l'amitié de vaillants peuples qui ont pour nous des sympathies réelles, et, en agissant ainsi, nous défendrons la cause de la civilisation menacée par les abus et l'arbitraire.

CONCLUSION

France, Russie, Espagne, Danemark.

J'achevais cette étude quand la visite du tsar à la France devint un événement considérable, dont toutes les nations européennes se préoccupèrent, en voyant cette amitié si constante de la Russie apportée au gouvernement français par son empereur lui-même.

Dans les chapitres précédents, j'ai voulu prouver que cette double alliance pouvait avoir contre elle une quadruple alliance, parce que l'Angleterre, qui ne s'engage jamais imprudemment, resterait neutre jusqu'au moment où les chances de la guerre favoriseraient l'un ou l'autre des deux adversaires.

L'Angleterre qui, tout récemment, nous reprochait *d'oublier dans les préparatifs de notre hospitalité offerte au tsar, la dignité et la mesure; dont les journaux insultaient grossièrement la France,* tout à coup changeant de ton nous a trouvés forts, — vibrants, — même formidables; parce qu'elle a senti qu'elle avait besoin de la France pour lui soutirer des concessions en Afrique, ainsi que de la Russie pour conserver son empire des Indes et qu'alors elle pourrait s'installer en maîtresse absolue dans la Méditerranée.

Maintenant elle exalte le rôle politique de l'empereur de Russie, en faisant ressortir la puissance colossale de son empire, afin de piquer au vif l'amour-propre de cet autre empereur qui pensait pouvoir régler à lui seul les destinées de l'Europe.

L'Angleterre ne renoncera jamais à ses prétentions; non seulement elle tient l'Egypte et compte bien y rester, mais elle espère, en opérant en silence, réaliser de nouveaux accaparements.

Pendant que la France entière acclamait le tsar et que Paris venait de confirmer d'une façon si éclatante, par d'unanimes et loyales démonstrations, l'union complète de la France et de la Russie, l'Angleterre installait timidement un dépôt de charbon à Tanger, installation d'abord provisoire avec l'autorisation du gouvernement marocain, mais qui deviendrait permanente si le besoin s'en faisait sentir.

Puis, quelques jours après, les Anglais célébraient encore avec pompe l'anniversaire de Trafalgar, comme un défi porté à l'amour-propre français et espagnol.

L'Angleterre nous a donné la preuve de ses prétendues sympathies. Les hourras anglais ont eu chez nous, comme chez les Espagnols, un terrible et retentissant écho, en rouvrant les tombes de leurs marins tombés héroïquement à côté des nôtres dans cette malheureuse journée.

**

Nous ne devons pas nous laisser prendre aux démonstrations hypocrites de la Grande-Bretagne; les partisans de son alliance sauront maintenant reconnaître le cas que l'on peut en faire; récemment le *Times* a déclaré nettement que l'empire britannique ne voulait pas se lier les mains et entendait réserver sa liberté d'action.

Il faut avant tout que l'Angleterre évacue l'Egypte, que nous puissions naviguer librement dans la Méditerranée, pour que nos colonies soient à l'abri d'une surprise ou d'un coup d'audace de la marine anglaise.

Nous avons déjà une alliance sur laquelle nous comptons, et nous pouvons y ajouter deux alliances non moins sincères : celle de l'Espagne, si douloureusement éprouvée dans sa plus importante colonie; elle possède, comme la France, un caractère chevaleresque qui rallie les deux peuples et peut dans la Méditerranée contre-balancer l'influence anglaise; puis celle du Danemark, déjà allié de la Russie vaillant pays que nous n'aurions pas dû abandonner, ayant, comme nous, des revendications à faire valoir.

Nous formerions ainsi en Europe une imposante quadruple alliance : Russie-France-Espagne-Danemark ; alliance qui, par sa cohésion et des intérêts communs, rétablirait les droits méconnus et pourrait peut-être rendre leur véritable nationalité à des provinces demeurées toujours fidèlement attachées à leur pays d'origine.

FIN

TABLE DES MATIÈRES

Paris et Limoges. — Imprimerie militaire Henri CHARLES-LAVAUZELLE.

93

Librairie militaire Henri CHARLES-LAVAUZELLE
Paris, 11, Place Saint-André-des-Arts.

Règlement du 1er septembre 1888 sur les manœuvres de l'infanterie allemande (2e édition, 1897). — Vol. in-32 de 166 p., relié toile .... 2 »

Règlement du 12 février 1887 sur le tir de l'infanterie allemande, avec figures et 1 planche. — Vol. in-32 de 190 pages, relié toile.... 2 50

Traduction française du règlement sur les manœuvres de la cavalerie allemande, du 16 septembre 1895. — Volume in-18 de 232 pages, avec croquis et sonneries réglementaires ...... 2 »

Règlement sur le tir du canon de l'artillerie à pied de l'armée allemande, traduit par P. VALÉRIO, capit. d'artill. — Br. in-8o de 40 p. 1 »

Étude sur le réseau ferré allemand au point de vue de la concentration. Ouvrage accompagné d'une carte des chemins de fer allemand (2e édition). — Brochure in-8o de 32 pages ...... » 75

Aide-mémoire de l'officier français en Allemagne, par P. DE PARDIELLAN, avec 4 gravures hors texte représentant les uniformes de l'armée allemande et de feuillets blanc pour notes. — Vol. in-32 de 160 p., rel. 2 50

L'armée allemande telle qu'elle est en 1890, par P. DE PARDIELLAN. — Volume in-18 de 228 pages, couverture en chromo-lithographie.. 3 50

L'armée allemande telle qu'elle est en 1892, par P. DE PARDIELLAN. — Volume in-18 de 263 pages, couverture en chromo-lithographie... 3 50

Les mœurs politiques des Allemands, par P. DE PARDIELLAN. — Volume in-18 de 224 pages...... 3 50

L'administration militaire austro-hongroise, son organisation et son fonctionnement en temps de paix et en temps de guerre, par L. DUPAIN, sous-intendant militaire de 2e classe. — Volume in-8o de 368 pages, avec croquis et tableaux...... 7 »

CAMPAGNE DE 1866. — **Sadowa.** Étude de la bataille au point de vue de l'emploi de la cavalerie. — Brochure in-8o de 96 pages...... 2 »

L'armée italienne, son organisation actuelle, sa mobilisation. — Volume in-32 de 123 pages, broché. » 50; relié toile...... » 75

Traduction française du règlement du 16 septembre 1896 sur le service en campagne de l'armée italienne. — Volume in-18 de 164 pages, avec figures et 1 planche en couleur des fanions...... 2 »

L'armée italienne en 1895, par A. PERRIER, député de la Savoie. — Brochure in-18 de 64 pages...... 1 »

L'administration militaire italienne, son organisation et son fonctionnement en temps de paix et en temps de guerre, par L. DUPAIN, sous-intendant militaire de 2e classe. — Volume in-8o de 280 pages 3 50

Traduction française du règlement sur les exercices de la cavalerie italienne du 16 janvier 1896. — Vol. in-18 de 156 p. avec 23 croq... 1 50

Instruction pour les formations de guerre, l'équipement et la mobilisation de l'armée italienne, traduction française par le commandant SOULIÉ, du 40e régiment d'infanterie. — Vol. grand in-8o de 708 p. 16 »

Règles générales pour l'emploi des trois armes dans le combat, traduction française par le commandant SOULIÉ, du 40e d'infanterie, avec 3 planches et un graphique en trois couleurs indiquant un exemple du développement normal d'une attaque exécutée par des troupes encadrées contre des troupes également encadrées. — Brochure in-8o de 72 p. 2 »

Instruction pour les convois alpins dans l'armée italienne, traduction française par le commandant SOULIÉ, du 40e d'infanterie. — Brochure in-8o...... 2 »

Règlement du 23 novembre 1888 sur le tir de l'infanterie italienne, traduit par le lieutenant JAGUIN, du 137e d'infanterie. — Volume in-32 de 160 pages, relié toile...... 2 50

Études critiques sur la guerre entre l'Italie et l'Abyssinie, par le général LUZEUX. — Brochure in-8o de 72 pages, avec 2 cartes...... 1 50

Rapport du général Lamberti, vice-gouverneur de l'Erythrée, sur la bataille d'Adoua (1er mars 1896). — Brochure in-8o de 64 pages avec 5 cartes dans le texte...... 1 50

Librairie militaire Henri CHARLES-LAVAUZELLE
Paris, 11, Place Saint-André-des-Arts.

Armées étrangères contemporaines (Europe, Asie, Afrique, Amérique, Océanie), par A. Garçon. — 2 vol. in-32, brochés. 1 »; reliés toile.. 1 50

Les corps d'officiers des principales armées européennes, par le lieutenant-colonel breveté Francfort, du 28e d'art. — Br. in-8° de 116 p. 2 50

Des cadres des armées étrangères, de Frédéric II à l'époque actuelle, conférence du général Leer à l'académie de Saint-Pétersbourg, analysée et commentée par le général Philebert. — Brochure in-18. » 75

Équitation et instruction équestre des cavaleries européennes, par Naej. — Volume in-8° de 184 pages.............. 3 »

Etude sur l'organisation du personnel administratif de quelques armées étrangères (Espagne, Grande-Bretagne, Etats-Unis), par Aubibert, adjoint à l'intendance militaire. — Br. in-8° de 48 pages...... 1 »

Graines d'officiers, scènes de la vie dans les Ecoles militaires en France, en Russie, en Allemagne et en Autriche, par P. de Pardiellan. Nombreuses illustrations par Josué Delondé. — Vol. in-18 de 238 pages, sous couverture illustrée et en couleurs 3 50

Précis de quelques campagnes contemporaines, par le commandant E. Bujac, chef de bataillon breveté au 144e d'infanterie. — **Dans les Balkans**. Ouvrage accompagné de 19 cartes et plans du théâtre des opérations. — Volume in-8° de 336 pages............... 5 »

L'armée russe, par E. Bujac, chef de bataillon breveté au 144e d'infanterie. — Vol. in-8° de 423 pages, avec 50 croquis .... 6 »

Etude sur l'armée et la marine russes. — Br. in-8° de 30 pages.... » 75

Instruction sur le service en campagne des armées russes. — Volumes in-8° de 123 pages avec 6 croquis........... 2 50

Instruction sur le combat de l'infanterie russe, annexée au règlement sur les manœuvres de l'infanterie, précédée d'un exposé sommaire des formations tactiques de l'infanterie russe en campagne. — Br. in-8° de 52 pages, avec 3 planches.................... 1 »

Règlement de 1884 pour les détachements à pied de cavalerie et de cosaques, rectifié conformément aux ordonnances du ministère de la guerre des 12 mai 1885 et 8 décembre 1889. — Brochure in-8° de 76 pages, avec 5 figures................ 1 50

La vie militaire en Russie, par P. de Pardiellan. — Vol. in-18 de 316 pages, orné de nombreuses illustrations en couleurs, couverture illustrée et en couleurs.................. 3 50

Les chefs dans l'armée allemande, par P. de Pardiellan. — Brochure in-8° de 56 pages 1 25

L'armée allemande, son histoire, son organisation actuelle, par le lieutenant-colonel A. Heumann, ✳, O. I. ⚜, ex-directeur des études à l'Ecole spéciale militaire de Saint-Cyr (6e édition, entièrement refondue). — Vol. in-8° de 204 pages.................. 3 »

La marine et les colonies de l'Allemagne, par le lieutenant-colonel A. Heumann, ✳, O. I. ⚜, ex-directeur des études à l'Ecole spéciale militaire de Saint-Cyr. — 2 vol. in-32 de 124 et 120 pages, avec 8 croquis, brochés 1 »; reliés toile.................. 1 50

Etude sommaire des modifications apportées dans l'armée allemande et des expériences tentées par cette armée dans le cours de l'année 1894, par le capitaine Pernot, du 10e bataillon de chasseurs. — Brochure in-8° de 72 pages, 6 croquis. 1 50

Histoire sommaire de l'infanterie prussienne, par Elie Mourin, capitaine au 16e bataillon de chasseurs à pied. — Br. in-8° de 60 pages. 1 25

Règlement du 20 juillet 1894 sur le service des armées allemandes en campagne (2e édition). — Vol. in-32 de 236 pages, relié toile... 2 50

Le catalogue général de la Librairie militaire est envoyé gratuitement à toute personne qui en fait la demande à l'éditeur Henri CHARLES-LAVAUZELLE.